EXPOSE DES MOTIFS

D'UN

PROJET DE RÈGLEMENT

CONCERNANT

LE GOUVERNEMENT DES COLONIES.

Ce projet a été remis le 3 avril 1836 entre les mains de
M. le Secrétaire-Général du ministère de la guerre.

EXPOSÉ DES MOTIFS

D'UN

PROJET DE RÈGLEMENT

CONCERNANT

LE GOUVERNEMENT DES COLONIES,

Par M. VÈNE,

Chef de bataillon du Génie, Ingénieur en chef
du casernement de Paris, membre correspondant des académies royales
des Sciences de Bruxelles, d'Arras et de Rouen,
membre de la Société d'encouragement pour l'industrie nationale, etc.

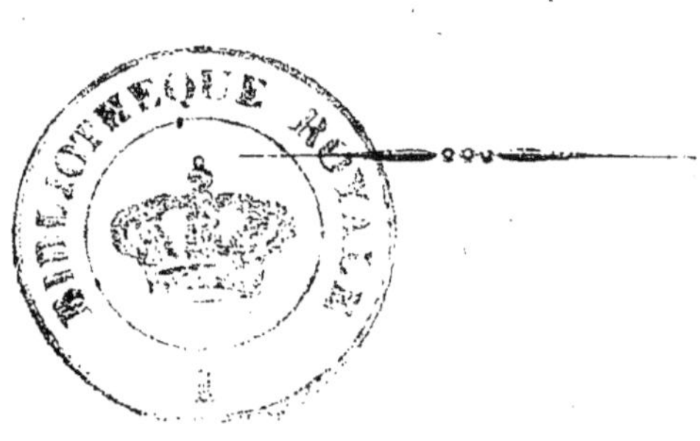

PARIS.

IMPRIMERIE DE BOURGOGNE ET MARTINET,
RUE JACOB, 30.

1837.

EXPOSÉ DES MOTIFS.

———

Des abus commis, il y a quelques années, dans la gestion du magasin général de Saint-Louis décidèrent le ministère à modifier les pouvoirs du gouverneur et des chefs de service, et à les soumettre à l'action modératrice d'une espèce de conseil représentatif, dont les bases furent établies par ordonnance royale du 17 janvier 1822.

D'après cette ordonnance toute mesure gouvernementale de quelque importance doit être soumise par le gouverneur aux délibérations d'un conseil formé des principaux fonctionnaires de la colonie. Or, bien que ce conseil ne puisse suspendre ni modifier les actes sur lesquels le chef de la colonie juge à propos de statuer, il a l'avantage de faire arriver sous les yeux du ministre de la marine, au moyen des procès-verbaux qui lui sont adressés, les discussions diverses que ces actes ont fait naître, discussions sans lesquelles beaucoup de documents et de connaissances locales resteraient ignorés, ce qui serait un obstacle à ce que le ministre pût redresser la marche suivie par le gouvernement local, s'il arrivait qu'elle fût défectueuse.

Les fonctions de directeur du génie, que nous avons remplies pendant trois années consécutives, nous ayant appelé à siéger dans ce conseil, nous avons eu l'occasion de reconnaître que l'ordonnance de 1822 peut être améliorée en plusieurs points , soit en portant quelques changements aux formes administratives qu'elle prescrit, soit en modifiant les articles obscurs dont l'interprétation a donné lieu à des froissements fâcheux entre les chefs de service, soit en y introduisant des dispositions nouvelles prises dans le règlement de 1827, concernant le gouvernement des Antilles : nous avons gardé note de toutes ces améliorations à mesure qu'elles se sont offertes à nous pour en faire usage en temps utile.

Aujourd'hui, croyant le moment opportun, nous nous sommes fait un devoir de tirer ces notes de l'oubli où elles étaient tombées ; et, avec leur secours, nous avons composé, pour régir la colonie du Sénégal, un projet de règlement dont nous allons expliquer les dispositions nouvelles, dispositions qui pourraient être étendues avec quelques légères modifications à toutes nos possessions d'outre-mer.

La première de ces dispositions concerne la composition du conseil ; elle n'est à proprement parler qu'un retour à l'ordonnance de 1822, dont une dépêche de 1830 annulle un des principaux articles , en faisant opérer sur le personnel de ce conseil une radiation qui en éloigne le directeur du génie, le directeur de l'artillerie et le directeur des ponts-et-chaussées.

La seconde disposition que nous avons jugé nécessaire d'introduire dans notre projet est relative à l'envoi au ministre de la marine des procès-verbaux des délibérations du conseil ; nous avons vu s'élever tant de réclamations justes au sujet de l'infidélité de ces

procès-verbaux, que, pour en prévenir de semblables
nous avons cru devoir exiger que les membres du conseil apposent leur signature sur les expéditions qui
sont adressées au ministre. Nous exigeons aussi qu'il
soit rendu compte de toutes les discussions dans lesquelles le conseil se trouve engagé, mesure dont nous
n'aurions pas cru devoir faire mention, si elle ne nous
avait pas été suggérée par le souvenir des suppressions
que nous avons vues s'opérer malgré l'opposition de plusieurs membres, qui pensaient qu'en tronquant ainsi
la marche des délibérations, on privait souvent le ministère de documents qu'il lui importait le plus de ne
pas ignorer.

La troisième innovation que nous avons faite regarde
les *projets* et les *comptes annuels;* les vérifications aux-
quelles les soumet le règlement de 1822 pourraient
devenir illusoires; nous avons remédié à ce vice en
adoptant des dispositions précises qui établissent les
droits du conseil.

Outre ces dispositions à l'aide desquelles les vérifications deviendront plus fructueuses, nous avons ajouté,
pour ce qui concerne les comptes annuels, des améliorations importantes relatives à la forme même de ces
comptes.

Deux choses distinctes doivent être l'objet des *comptes
annuels*, savoir : 1º les dépenses *finances*, faites pour
main-d'œuvre et achat de matières; 2º l'emploi de
ces matières et de cette main d'œuvre à des travaux
utiles et approuvés par l'autorité compétente.

La rédaction qui est prescrite par le règlement de
1822 (modèle H) laisse inconnue la dépense finances,
et par cela même, elle empêche que les comptes géné-
raux du trésorier puissent être vérifiés au moyen des

comptes particuliers des chefs de service, ce qui est un vice d'autant plus grave qu'il pourrait favoriser des abus que la marche du service ne rendrait visibles qu'après plusieurs années d'existence.

En conséquence, nous avons introduit dans le projet de règlement les détails nécessaires pour prévenir ces abus, et assurer aux comptes de développement une forme qui rendra facile la vérification des comptes du trésorier et de l'ordonnateur.

Avant de passer à quelques autres réformes que nous considérons comme secondaires, nous allons parler de celle que nous regardons comme la plus importante. Elle consiste à supprimer les *Inspecteurs Coloniaux permanents* et à les remplacer par des inspecteurs temporaires, pris alternativement dans tous les services de la colonie.

Nos inspecteurs temporaires se renouvellent tous les mois, et leurs attributions, moins étendues que celles des inspecteurs actuels, qui sont courbés sous le faix de formalités inutiles, leur donnent les moyens de cumuler leur service ordinaire avec celui de l'inspection, ce qui produit pour le Sénégal une économie d'environ 20,000 fr. par an, taux auquel s'élève la solde de l'inspecteur permanent et de ses employés.

Qu'on ne pense pas que cette économie de 20,000 fr. soit le seul but que nous ayons voulu atteindre. En opérant la réforme dont il s'agit, nous avons été guidé par l'espoir qu'il en résulterait plus d'harmonie parmi les chefs, plus de régularité et d'ordre dans leur service, moins d'abus et plus de mesure dans les dépenses du matériel : nous sommes-nous trompé dans nos prévisions ? avons-nous trop présumé du bien que nous en attendons? C'est ce que nous allons discuter en peu de mots.

Il est en général difficile d'effacer les idées qui se trouvent empreintes dans notre cerveau depuis longues années. Ce qu'on a vu faire on le fait sans réfléchir et sans songer si l'on peut faire mieux, ou même si l'on peut faire autrement.

Ainsi l'utilité des inspecteurs permanents a pu ne pas être mise en doute par ceux qui ont toujours vécu parmi les administrations de la marine , où elle est en quelque sorte passée en proverbe ; mais elle a pu l'être par nous, qui avions vu depuis long-temps dans le corps du génie des inspecteurs d'un autre ordre.

Cette position favorable aux investigations, dans laquelle nous nous sommes trouvé, nous a donné l'occasion de réfléchir et de consulter l'expérience qui. forme et développe les idées ; et après quatre ans de séjour dans les colonies où ces recherches n'ont pas cessé de nous occuper, nous nous sommes décidé à introduire dans le règlement, comme étant éminemment utile à l'État, l'institution des *inspecteurs temporaires*.

« La surveillance des inspecteurs permanents, nous
» sommes-nous dit, s'étend sur deux parties distinctes :
» la première est composée de formalités presque oi-
» seuses, lesquelles consistent à tenir la main à ce que
» les dimensions des papiers qu'on emploie, la quan-
» tité de lignes, la place des signatures, la qualité des
» signataires, le nombre de copies ou d'expéditions, la
» date et l'époque de leur envoi soient conformes aux
» règlements existants auxquels on reproche d'être
» diffus, contradictoires, obscurs, et de se prêter à

» des interprétations diverses suivant les lieux et les
» personnes, ce qui fait naître entre l'inspecteur et
» les chefs de service des discussions puériles ou de
» mauvaise foi, dans lesquelles chacun consomme un
» temps utile sans qu'il en résulte aucun bien pour le
» service.

» Cette portion de surveillance, avons-nous ajouté,
» pourrait être remplacée avec fruit par un règlement
» précis, mais complet, que le ministre ferait imprimer
» et distribuer à tous les employés, lesquels recevraient,
» avec l'injonction de s'y conformer strictement en tous
» points, la promesse que le gouverneur ne pourrait
» changer ni modifier aucune de ses dispositions, pro-
» messe dont le ministre actuel assurerait l'exécution à
» l'égard des ministres à venir, en soumettant le règle-
» ment dont il s'agit à la sanction du pouvoir législatif.

Cette garantie de durée serait en effet d'une haute
importance, notamment à l'égard des hauts fonctionnaires qui, dans l'état actuel des choses, abandonnent
l'étude des règlements à des employés subalternes,
rebutés qu'ils en sont, par l'inconcevable variété des
dépêches réglementaires qui altèrent, modifient,
changent, défont et refont ce qui existe.

Ces hauts fonctionnaires, assurés que les règlements
auraient une longue existence et convaincus consé-
quemment de ne pas travailler en vain en les étu-
diant, se feraient un devoir de les méditer.

De là résulterait un autre avantage que sentiront
particulièrement ceux qui ont l'habitude des administrations. La plupart du temps, leurs bureaux sont ou-
verts les dimanches ainsi que les jours de fête, et
celui qui en a besoin pendant ces journées ne man-

que jamais d'y trouver le chef ; mais cette assiduité de sa part, qui est sans doute louable, est presque toujours insuffisante, car l'employé à qui est réservée la connaissance des règlements est absent, attendu que ce jour est pour lui un jour de repos, et à cause de cette absence le chef ne donne pas sa signature quelque utile et urgente qu'elle soit, parce qu'il craint en la donnant de manquer à quelques formalités indispensables.

Dirons-nous enfin un autre avantage ? c'est que, grâce au règlement et aux modèles imprimés où chacun trouverait écrits les devoirs de sa charge, les employés subalternes les moins éclairés seraient aptes à remplacer leurs chefs en cas d'absence ou de maladie, ce qui est d'autant plus utile dans les colonies, que la mortalité y rend souvent ces remplacements nécessaires.

Occupons-nous maintenant de la deuxième partie des devoirs imposés aux inspecteurs, laquelle est de veiller à ce qu'il n'y ait point de gestions frauduleuses.

Puisque le gouvernement sent le besoin d'inspecteurs, il faut qu'il ait reconnu l'impossibilité de n'avoir à son servirce que des employés probes et des fonctionnaires honorables ; or, s'il y a des employés ou des fonctionnaires vicieux, ne peut-il pas s'en trouver de cette espèce dans l'inspection aussi bien que dans les autres services ?

Imaginez donc qu'un malhonnête homme soit appelé à des fonctions permanentes d'inspecteur, et dites-nous quel frein le retiendrait dans le devoir ! entouré d'hommes avides qui viendraient à lui attirés par cette espèce d'affinité qui lie les gens vicieux, n'emploierait-il pas son crédit et son adresse à susciter des entraves aux chefs de service qui lui auraient résisté? ne les ferait-il pas remplacer dans leurs fonctions par d'autres chefs qu'il croirait ou plus souples où moins honorables?

Admettez qu'il réussisse dans ses tentatives, qu'il trouve un chef de service dominé par les mêmes passions que lui, et jugez quelles en seront les conséquences!

Mais quittons ces suppositions qui sans doute se réalisent rarement, et voyons ce que fera un inspecteur qui a la conscience de ses devoirs.

Il considérera sans doute l'observation des formes comme une occupation futile, et donnera tous ses soins à empêcher que les fournisseurs ne livrent à l'État de la fonte pour du fer, du fer pour de l'acier, du bois à 100 francs pour celui qui en coûte 150 (1), du sulfate de zinc pour du sel ammoniac (2), des filières d'ambre de 20 francs pour celles dont la valeur est de 200 fr.

Il veillera aussi à ce que les travaux faits à l'entreprise soient métrés régulièrement et suivant les principes géométriques ; que les matériaux qu'on y emploie soient convenables ou conformes au devis, que les machines à vapeur, s'il en a à recevoir, aient la force et la forme voulues et spécifiées par les marchés; que les médicaments, les acides, les alcalis livrés aux hôpitaux ne soient pas frelatés.

Or, pour donner des soins éclairés à tant d'objets

____

(1) Le sapin blanc au Sénégal vaut 100 francs, et le rouge, dit spithpine, 150 francs le mètre cube.

(2) Cette fraude a eu lieu.

divers, il devrait connaître les éléments des sciences mathématiques, avoir étudié la physique et la chimie, et posséder en outre quelques notions des principaux arts industriels, connaissances qui lui sont étrangères parce qu'on ne les acquiert pas dans les bureaux de la marine, pépinière où germent et croissent les membres de l'inspection.

Ainsi quel que soit son amour pour le bien public, son zèle à remplir ses devoirs, il ne saurait s'élever à la hauteur des fonctions qui lui sont confiées ; si donc il se commet des abus qui ne soient pas réprimés, c'est à son incapacité qu'il faut les attribuer.

On m'objectera peut-être que les inspecteurs se feront éclairer par des commissions.

Je répondrai que les règlements actuels n'admettent des commissions que dans certains cas, et d'ailleurs quelle faible ressource que celle des commissions !

S'agit-il de désapprouver ? il n'est pas un membre qui ne se récuse, sous le prétexte d'ignorance et dans le but réel de ne pas se faire un ennemi des fournisseurs, hommes redoutables en ce qu'ils joignent quelquefois à l'influence et au crédit que donnent les richesses, le secret d'avoir pour eux l'oreille de l'autorité.

Sera-t-on sûr d'ailleurs que les choix des gouverneurs qui nomment ces commissions seront toujours convenables ; que les membres élus auront autant de lumières que d'indépendance ; que les intrigues, les cabales, les commérages s'agiteront inutilement autour d'eux ? ce serait souvent en vain qu'on se bercerait d'espérances si favorables.

Remplacez au contraire l'inspecteur permanent par

un inspecteur temporaire qui fasse son service pendant un mois ou plus long-temps s'il est nécessaire, et supposez que cet inspecteur soit pris parmi les officiers de la garnison, artillerie, génie ou marine, ou parmi les ingénieurs des ponts-et-chaussées ou parmi les membres de l'ordre judiciaire et de l'administration de la marine. Sous le rapport de la moralité, il y aura dans ce choix autant de garanties que dans celui qu'on pourrait faire dans le corps de l'inspection, mais sous le rapport des connaissances scientifiques et industrielles il en offrira davantage : ainsi voilà un premier motif de préférence en faveur des inspecteurs temporaires.

Un second vient de ce que les fournisseurs, qui osent quelquefois essayer de corrompre un inspecteur permanent, deviendront plus réservés en présence d'inspecteurs dont les fonctions ont une durée si limitée, car leur tentative ne leur serait vraiment utile, lors même qu'elle réussirait auprès de l'un d'eux, qu'autant qu'elle aurait le même succès auprès des autres.

L'institution des inspecteurs temporaires aurait donc pour effet d'obliger les fournisseurs à étendre leurs séductions à cinq ou six personnes prises parmi celles dont la moralité offre les plus fortes garanties : or, comme les séductions de cette espèce sont presque impossibles à réaliser, s'il se commet des abus, ils se feront à l'insu des inspecteurs ; mais comme il est rare que la voix de l'opinion publique ne les signale, il ne sera pas difficile, en écoutant cette voix, de reconnaître les gestions qu'il faudra surveiller plus particulièrement, et si chacun des inspecteurs exerce sur elles une surveillance éclairée, le voile qui les couvre ne tardera pas à les laisser voir dans leur nudité.

Tels sont les changements que nous avons introduits dans notre projet de règlement ; ils porteront, nous n'en doutons point, une amélioration notable dans le service colonial ; mais pour que ce service soit aussi parfait que nous le désirons, il serait nécessaire de modifier l'instruction réglementaire du 3o oct. 1829, dont les dispositions sont vicieuses et presque inexécutables.

Cette instruction met au compte du *service marine* proprement dit la dépense des bâtiments flottants affectés au service des colonies ; de cet état de choses, il en résulte, 1° que les administrations locales considèrent ces dépenses comme étrangères, et les surveillent avec moins d'intérêt ;

2° Que le règlement de ces dépenses, lequel doit se faire par trimestre et par bâtiment, et en triples expéditions, ainsi que le prescrit l'instruction du 18 octobre 1829 (art. 11, 26), est une surcharge de travail que l'on éviterait en mettant ces dépenses au compte du budget colonial.

L'article 4 de cette même instruction, concernant le casernement, devrait se confondre avec l'article 7, subdivision 2, et rentrer dans les attributions du Génie, ainsi qu'il y était auparavant, attendu que les officiers de l'administration qui en sont chargés sont inaptes à faire exécuter les travaux de casernement, tels que lits de camp, ameublements des pavillons et des corps-de-garde, et autres objets compris dans l'article en question.

Peut-être conviendrait-il mieux de détacher la deuxième section de l'article 7 pour en faire l'article 8, et alors le casernement rentrerait dans ce dernier article, dont il formerait la dernière section.

Quant à l'article 8, dont le titre est *Dépenses di-verses*, il devrait être supprimé, et remplacé par des sections affectées à chaque article; c'est en effet un grand inconvénient que plusieurs chefs puissent disposer des fonds d'un même article, sans savoir ce que chacun doit y puiser; car si le service de l'ordonnateur n'était pas fait d'une manière convenable, l'ordonnancement des dépenses présentées par un autre chef de service pourrait être refusé sous le prétexte que les fonds sont consommés, sans que ce chef pût s'assurer si en effet il n'existe plus de fonds disponibles; je vais citer à ce sujet un fait arrivé à Saint-Louis en 1830.

Le directeur des ponts-et-chaussées demandait un crédit de 22,000 francs pour payer les dépenses de sa direction. L'administration les refusa, disant que les fonds alloués pour ce service étaient consommés. Le directeur des ponts-et-chaussées produisit un mémoire dans lequel il démontrait le contraire; l'ordonnateur et l'inspecteur répliquèrent, et fournirent deux mémoires différents : d'après l'un, les dépenses excédaient les fonds alloués de 9,000 francs; d'après l'autre, qui était celui de l'ordonnateur, il restait encore 5,000 fr. à dépenser. Au milieu de ce conflit d'opinions diverses, le gouverneur nomma une commission dont les membres eurent ordre de se faire présenter toutes les pièces propres à les éclairer. Dans la première réunion qui eut lieu à ce sujet, cette commission demanda que les deux membres de l'administration produisissent des explications plus détaillées que celles qu'ils avaient fournies, et surtout qu'ils se missent d'accord entre eux; alors ceux-ci présentèrent deux nouveaux mémoires, qui furent envoyés à M. le directeur des ponts-et-chaussées, lequel y répondit par une simple note : à son tour cette note provoqua un nouveau mémoire de la part de l'administration à qui elle fut communiquée.

La commission fit son rapport et l'adressa à M. le gouverneur, qui, après l'avoir examiné, le lui renvoya pour qu'elle y ajoutât des nouveaux éclaircissements ; revu et commenté, ce rapport fut lu en conseil de gouvernement, et là, M. le gouverneur avoua qu'il n'était pas suffisamment clair pour que la question pût être résolue, et en conséquence, il proposa de le soumettre à l'examen d'un membre du conseil ; trois jours après, ce membre lut son rapport devant le conseil, qui fut convoqué pour ce seul objet, et après cette lecture, M. le gouverneur convint qu'il était dans la même ignorance qu'auparavant, ce qui le décida à renvoyer toutes les pièces au directeur des ponts-et-chaussées, qui lui remit une réfutation d'après laquelle il donna l'ordre d'ordonnancer les vingt-deux mille francs.

L'administration réclama contre cet ordre, tergiversa, et les choses n'arrivèrent à leur dénouement que vers le milieu de janvier 1831, c'est-à-dire un mois et demi après leur origine, et pendant tout ce temps, qui était le plus favorable aux constructions, les travaux furent interrompus.

Une autre réforme, qu'il importe d'entreprendre, est celle qui concerne les allocations faites aux officiers et aux troupes de l'artillerie de la marine ; d'après les règlements actuels, les suppléments coloniaux sont imputés sur le chapitre XI, et la solde est prise sur le budget du *Service ordinaire marine :* de là résulte une masse d'écritures que le plus hardi calculateur ne peut contempler sans en être effrayé ; un exemple suffit pour le montrer : le traitement mensuel d'un officier de cette arme exige six grands états; savoir :

Quatre déclarations de quittance, contenant chacune 17 colonnes tirées au trait ; 621 mots, plus deux quittances dont les dimensions sont : longueur, 0ᵐ,60 ; largeur, 0ᵐ,45, lesquelles contiennent 80 colonnes et environ 900 mots; ainsi, pour le paiement d'un seul officier, on emploie 106 décimètres carrés de papier, sur lequel on trace 228 colonnes et 4284 mots.

Nous arrêterons là le cours de nos observations critiques, pensant avoir montré suffisamment combien il est urgent de mettre un terme au dévergondage des formes administratives que subissent les colonies.

Paris, le 3 avril 1836.

Le chef de bataillon du génie, ingénieur en chef du casernement de Paris,

A. VÈNE.

www.ingramcontent.com/pod-product-compliance
Lightning Source LLC
Chambersburg PA
CBHW051202050726
47594CB00007B/3016